DINOSSAUROS

Dados Internacionais de Catalogação na Publicação (CIP) de acordo com ISBD

C578d	Ciranda Cultural.
	Dinossauros: 3-D/ Ciranda Cultural; ilustrado por Shutterstock. - 2. ed. - Jandira, SP: Ciranda Cultural, 2023. 16p.: il.; 21,50cm x 28,00cm. - (Espetacular 3-D). ISBN: 978-65-261-0539-9 1. Literatura infantil. 2. Curiosidade. 3. Animais. 4. Dinossauro. 5. Diversão. 6. Viagem. 7. Pré-história. I. Shutterstock. II. Título. III. Série.
2023-1019	CDD 028.58 CDU 82-93

Elaborado por Lucio Feitosa - CRB-8/8803

Índice para catálogo sistemático:
1. Literatura infantil 028.5
2. Literatura infantil 82-93

© 2023 Ciranda Cultural Editora e Distribuidora Ltda.
Produção: Ciranda Cultural
Ilustrações: Warpaint/ Shuttersotck.com;
Limbad/ Shuttersotck.com; MW Studios

2ª Edição em 2023
www.cirandacultural.com.br
Todos os direitos reservados.

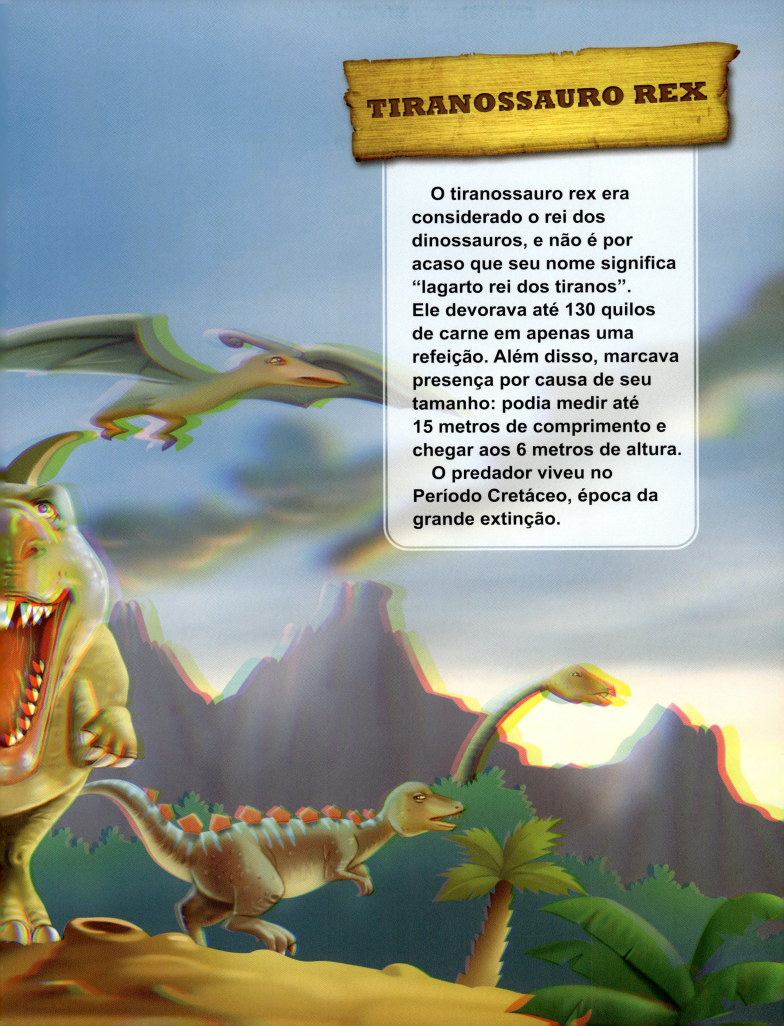

TIRANOSSAURO REX

O tiranossauro rex era considerado o rei dos dinossauros, e não é por acaso que seu nome significa "lagarto rei dos tiranos". Ele devorava até 130 quilos de carne em apenas uma refeição. Além disso, marcava presença por causa de seu tamanho: podia medir até 15 metros de comprimento e chegar aos 6 metros de altura.

O predador viveu no Período Cretáceo, época da grande extinção.

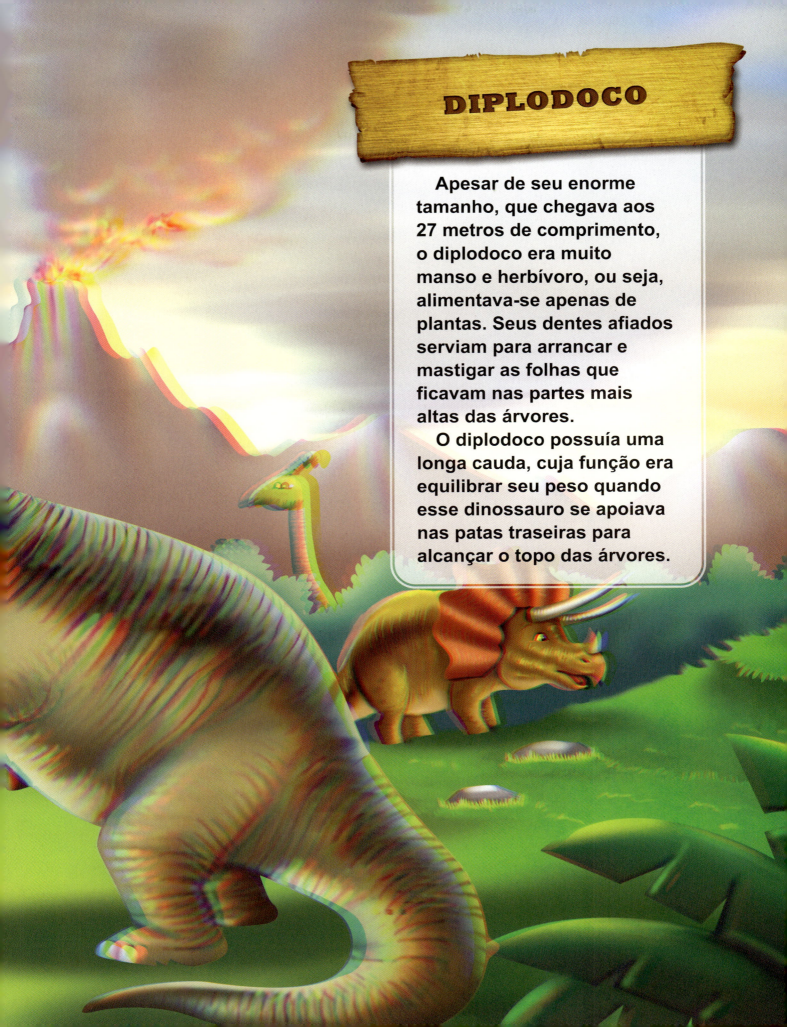

DIPLODOCO

Apesar de seu enorme tamanho, que chegava aos 27 metros de comprimento, o diplodoco era muito manso e herbívoro, ou seja, alimentava-se apenas de plantas. Seus dentes afiados serviam para arrancar e mastigar as folhas que ficavam nas partes mais altas das árvores.

O diplodoco possuía uma longa cauda, cuja função era equilibrar seu peso quando esse dinossauro se apoiava nas patas traseiras para alcançar o topo das árvores.

ESTEGOSSAURO

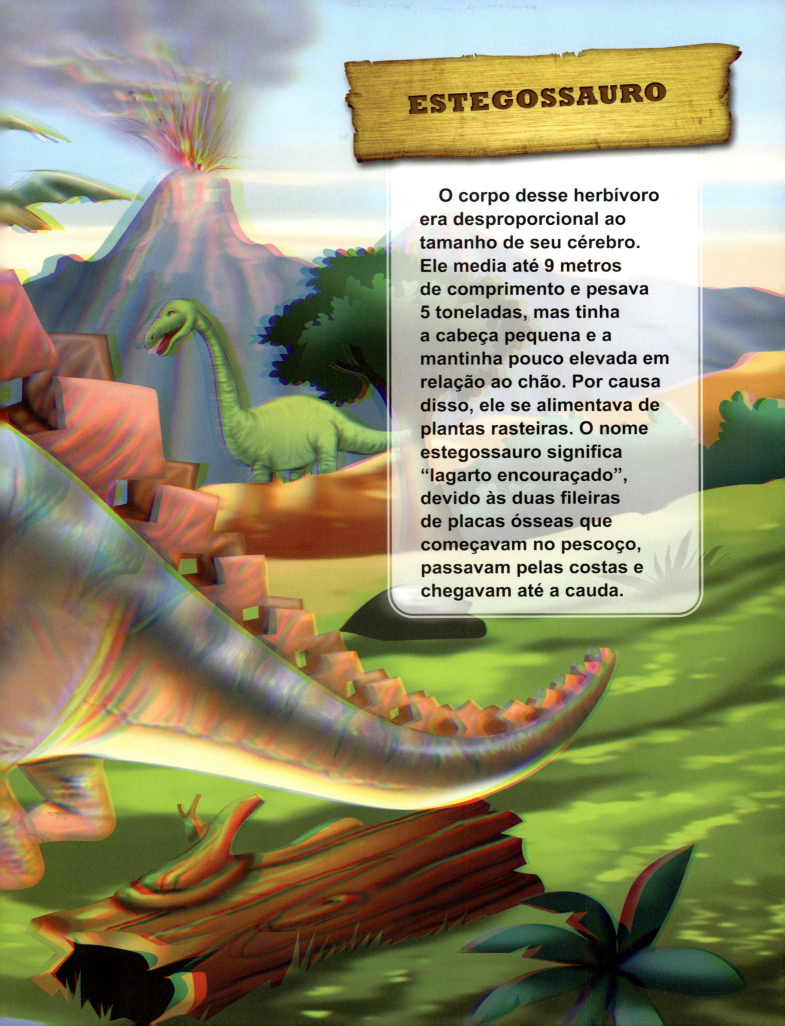

O corpo desse herbívoro era desproporcional ao tamanho de seu cérebro. Ele media até 9 metros de comprimento e pesava 5 toneladas, mas tinha a cabeça pequena e a mantinha pouco elevada em relação ao chão. Por causa disso, ele se alimentava de plantas rasteiras. O nome estegossauro significa "lagarto encouraçado", devido às duas fileiras de placas ósseas que começavam no pescoço, passavam pelas costas e chegavam até a cauda.

IGUANODONTE

    Grande e imponente. Assim era o herbívoro iguanodonte, que chegava a medir 12 metros de comprimento, 5 metros de altura e pesava quase 5 toneladas. Não tinha dentes na parte da frente, mas os 100 dentes localizados no fundo da boca eram os responsáveis pela mastigação dos alimentos. Apesar de seu tamanho, atingia a velocidade de 35 km/h.

OVIRRAPTOR

Muito parecido com as aves, o ovirraptor era veloz e esperto. Seu nome significa "ladrão de ovos", pois ele usava as três garras que tinha em cada pata para roubar os ovos dos ninhos alheios. Ele também se alimentava de dinossauros menores.

O ovirraptor chegava a medir 2 metros de comprimento, e suas patas traseiras o ajudavam a escapar dos predadores ou de qualquer outro perigo que surgisse.

ALOSSAURO

O carnívoro alossauro era um caçador feroz e implacável. Chegando aos 12 metros de comprimento e pesando até 1,5 tonelada, ele também era muito inteligente e armava emboscadas para capturar suas presas. Além da agilidade para a caça, o alossauro também tinha três garras afiadas nas patas dianteiras. A força de sua cauda podia mandar qualquer predador para bem longe com um golpe fatal.

TRICERÁTOPO

Esse enorme herbívoro era o mais famoso dinossauro com chifres. Ele pesava quase 6 toneladas, media mais de 9 metros de comprimento e tinha chifres de quase 1 metro. Apesar de ser grande e forte, o tricerátopo não costumava atacar outros dinossauros, a não ser que fosse ameaçado. O que ele mais gostava de fazer era alimentar-se das melhores folhas de samambaias ou de raízes.